Introduction

Ceartlitriú 1 provides basic vocabulary and structures in Irish for pupils in the middle ... composition. Words are present... used.

Special attention is ... the noun in the genders. This will g... informal instruction.

The vocabulary is organised in groups under useful headings. There is an index of the main headwords at the end of the book.

Many words occur more than once, due to their common use in the language.

Réamhrá

Cuireann **Ceartlitriú 1** ar fáil foclóir agus struchtúir bhunúsacha sa Ghaeilge do dhaltaí sna meánranganna atá ag tabhairt faoin gceapadóireacht. Soláthraítear na focail sna foirmeacha ina úsáidtear go coitianta iad.

Tugtar aire faoi leith d'fhoirmeacha éagsúla an ainmfhocail sna hinscní. Tabharfaidh seo deis do mhúinteoirí teagasc neamhfhoirmiúil a dhéanamh.

Tá an foclóir eagraithe i ranna faoi theidil úsáideacha. Tá clár de na ceannteidil ag deireadh an leabhair.

Tarlaíonn roinnt mhaith focal níos mó ná uair amháin, toisc iad a bheith chomh coitianta sin sa teanga.

Published by
C J FALLON
Ground Floor - Block B
Liffey Valley Office Campus
Dublin 22

First Edition

This Reprint May 2005

Printed by
Criterion Press Limited
Damastown Industrial Park, Mulhuddart, Dublin 15

Contents — Clár

1. Questions — Ceisteanna

Where? Cá?

Where is my pen? Cá bhfuil mo pheann?

Who? Cé?

Who is that man? Cé hé an fear sin?

What? Cad?/Céard?

What did the woman say? Cad a dúirt an bhean?/ Céard a dúirt an bhean?

How? Conas?/Cén chaoi?

How do you play the game? Conas a imríonn tú an cluiche?/ Cén chaoi a n-imríonn tú an cluiche?

When? Cathain?

When do you come to school? Cathain a thagann tú ar scoil?

Why? Cén fáth?

Why did you do that? Cén fáth a ndearna tú é sin?

How do you know? Cá bhfios duit?

How do you know that? Cá bhfios duit é sin?

2. Greetings — Beannachtaí

come in, tar isteach

excuse me, gabh mo leithscéal

goodbye to you, slán leat/libh

good night, oíche mhaith

happy birthday, breithlá sona duit

Happy Christmas to you, Nollaig shona duit/daoibh

hello to you, Dia duit/daoibh

please, más é do thoil é/le do thoil

please God, le cúnamh Dé

safe home, slán abhaile

thank God, buíochas le Dia

thank you, go raibh maith agat/agaibh

(you are) welcome, tá fáilte romhat

3. Myself — Mé Féin

address, seoladh
my address is . . ., is é mo sheoladh ná . . .

age, aois
what is your age? cén aois tú?
I am ____ **of age**, tá mé ____d'aois

arm, lámh

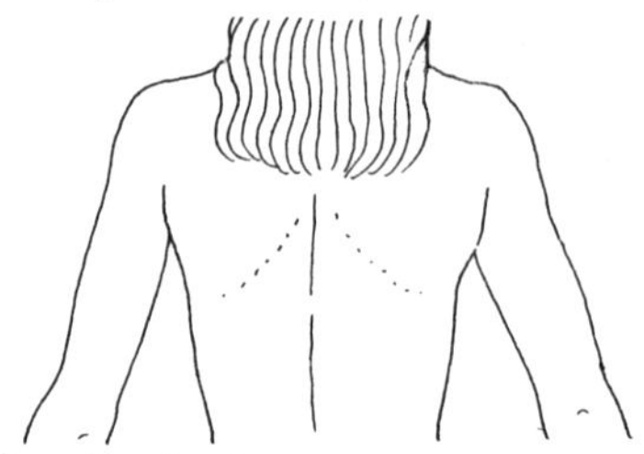

back, droim

birthday, breithlá

clothes, éadaí
my clothes, mo chuid éadaigh

date of birth, dáta breithe

ear, cluas

eye, súil

face, aghaidh
my face, m'aghaidh

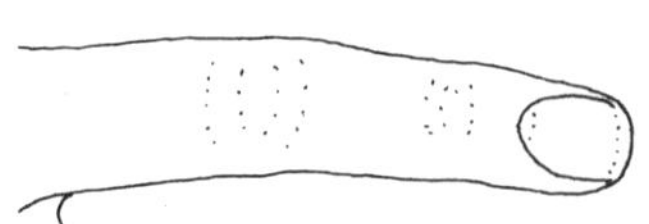

finger, méar
the finger, an mhéar

foot, cos
the foot, an chos
(the) feet, (na) cosa

hair, gruaig
my hair, mo chuid gruaige

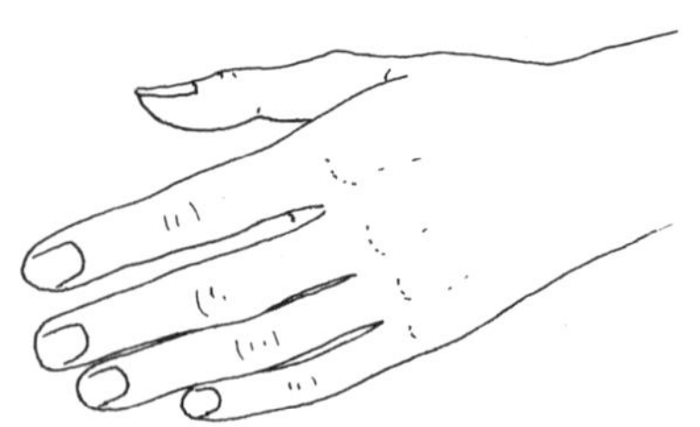

hand, lámh
(the) hands, (na) lámha

head, ceann

height, airde
my height is ____, is í m'airde ná ____

knee, glúin
the knee, an ghlúin

leg, cos
the leg, an chos
(the) legs, (na) cosa

mouth, béal
in my mouth, i mo bhéal

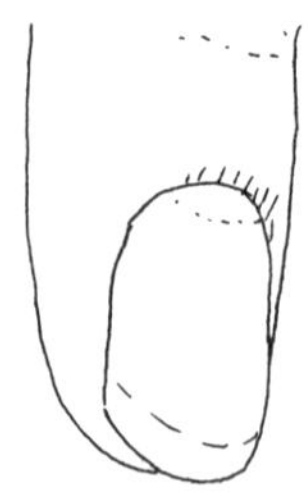

nail, ionga

name, ainm
the name, an t-ainm
my name is ____, ____ is ainm dom

neck, muineál

nose, srón
the nose, an tsrón

shoulder, gualainn
on my shoulder, ar mo ghualainn

sight, radharc
skin, craiceann
stomach, bolg
tall, ard
throat, scornach

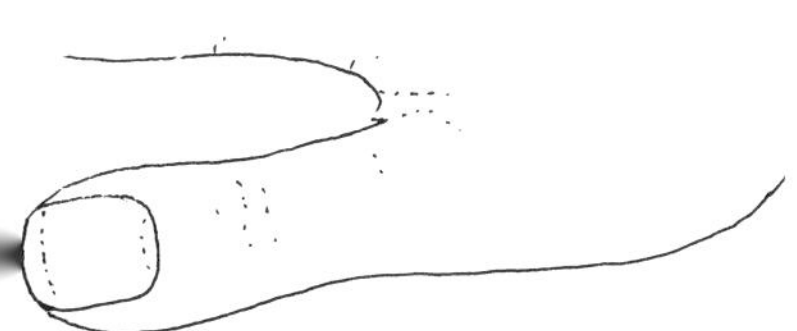

thumb, ordóg
toe, méar coise
  (the) toes, (na) méara coise
waist, coim
  around my waist, faoi mo choim
weight, meáchan
  my weight is _____, is é mo mheáchan ná ____

• • • • • • • •

bleeding, ag cur fola
combing, ag cíoradh
coughing, ag casachtach
crying, ag gol/caoineadh
drinking, ag ól

falling, ag titim

hearing, ag cloisteáil
jumping, ag léim
laughing, ag gáire
playing, ag súgradh

running, ag rith
shouting, ag béiceadh
sleeping, i mo chodladh

walking, ag siúl

• • • • • • • •

one year, aon bhliain
two years, dhá bhliain
three years, trí bliana
four years, ceithre bliana
five years, cúig bliana
six years, sé bliana
seven years, seacht mbliana
eight years, ocht mbliana
nine years, naoi mbliana
ten years, deich mbliana

4. The House — An Teach

bathroom, seomra folctha
bed, leaba
  (the) beds, (na) leapacha
bedroom, seomra leapa
carpet, cairpéad
chair, cathaoir
  the chair, an chathaoir
  on the chair, ar an gcathaoir
chimney, simléar
clock/bell, clog
curtains, cuirtíní
dining-room, seomra bia
door, doras
  (the) doors, (na) doirse
doorbell, clog an dorais

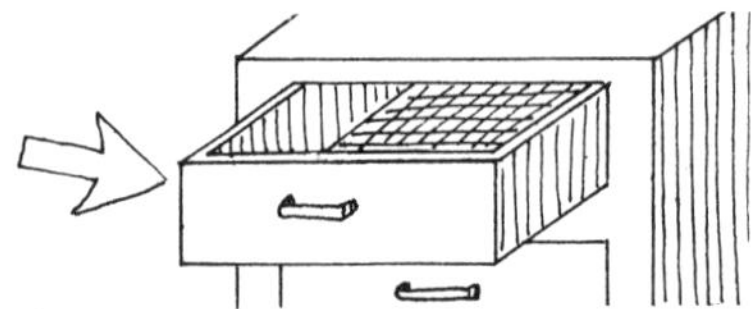

drawer, tarraiceán
fire, tine
  beside the fire, cois na tine/in aice na tine
floor, urlár
  the floor, an t-urlár
fridge, cuisneoir
  in the fridge, sa chuisneoir
furniture, troscán
garage, garáiste
  in the garage, sa gharáiste
house, teach
  the people of the house, muintir an tí
kitchen, cistin
  the kitchen, an chistin
  in the kitchen, sa chistin
lamp, lampa
mirror, scáthán
oven, oigheann
  in the oven, san oigheann
press, cófra
  in the press, sa chófra
radio, raidió
roof, díon
room, seomra
  (the) rooms, (na) seomraí
sitting-room, seomra suí
stairs, staighre
  upstairs/downstairs, thuas/thíos staighre
table, bord
tap, sconna
telephone, teileafón
television, teilifís
visitor, cuairteoir
  (the) visitors, (na) cuairteoirí
wardrobe, vardrús
window, fuinneog
  the window, an fhuinneog
  through the window, tríd an bhfuinneog
  (the) windows, (na) fuinneoga

• • • • • • • •

answer the telephone, freagair an teileafón
cleaning the windows, ag glanadh na bhfuinneog
in charge of the house, i bhfeighil an tí
sweeping the floor, ag scuabadh an urláir

5. The Family — An Chlann

aunt, aintín
my aunt, m'aintín
(the) aunts, (na h) aintíní

baby, naíonán

baptism, baisteadh
the baby was baptised, baisteadh an naíonán

birthday, breithlá
birthday party, féasta bhreithlae

boy, buachaill
(the) boys, (na) buachaillí

brother, deartháir
(the) brothers, (na) deartháireacha

christening, baisteadh
christening party, féasta bhaiste

church, séipéal

cousin, col ceathrair

daughter, iníon
(the) daughters, (na h) iníonacha

family, clann
the family, an chlann

father, athair
my father, m'athair

First Communion, Céad Chomaoineach

friend, cara
(the) friends, (na) cairde

girl, cailín
(the) girls, (na) cailíní

godfather, athair baistí

godmother, máthair bhaistí

grandfather, seanathair

grandmother, seanmháthair

home, baile
at home, sa bhaile
going home, ag dul abhaile

man, fear
(the) men, (na) fir

mother, máthair

neighbour, comharsa
(the) neighbours, (na) comharsana

priest, sagart
the priest's house, teach an tsagairt

relation, gaol
(the) relations, (na) gaolta

sister, deirfiúr
(the) sisters, (na) deirfiúracha

son, mac
(the) sons, (na) mic

uncle, uncail
my uncle, m'uncail
(the) uncles, (na h) uncailí

visitor, cuairteoir
(the) visitors, (na) cuairteoirí

woman, bean
the woman, an bhean
(the) women, (na) mná

6. Clothes — Éadaí

anorak, anarac
belt, crios
blouse, blús

cap, caipín
clothes, éadaí
  my clothes, mo chuid éadaigh
coat, cóta
  (the) coats, (na) cótaí

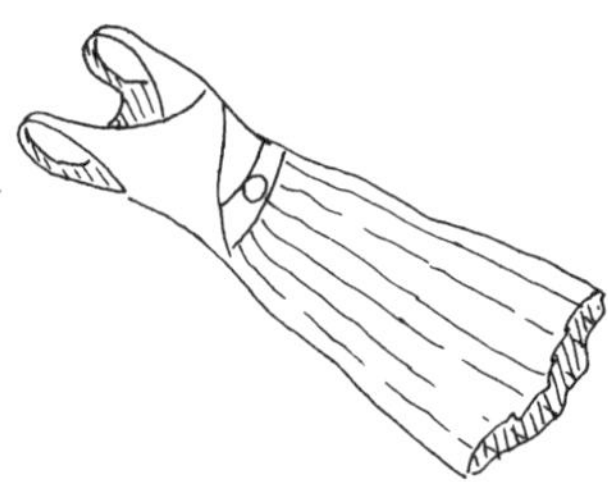

dress, gúna
  (the) dresses, (na) gúnaí
gloves, lámhainní

handkerchief, ciarsúr
jacket, seaicéad
  a leather jacket, seaicéad leathair

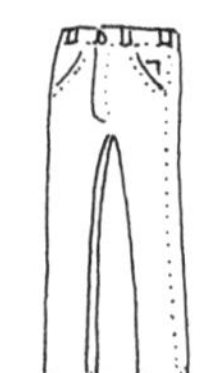

jeans, bríste géine
jersey/pullover, geansaí
shirt, léine

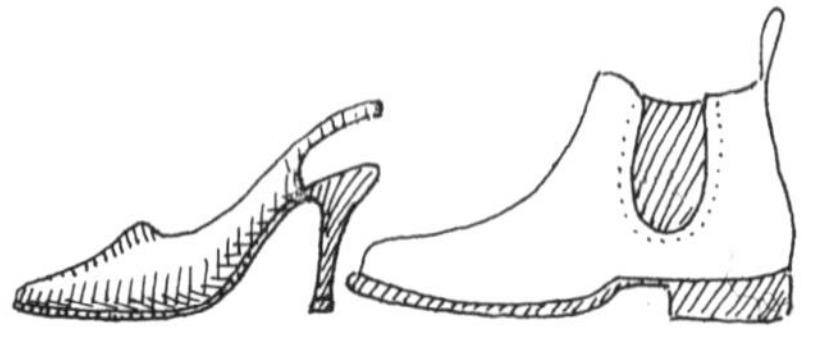

shoe/boot, bróg
  the shoe/boot, an bhróg
  (the) shoes/boots, (na) bróga
skirt, sciorta

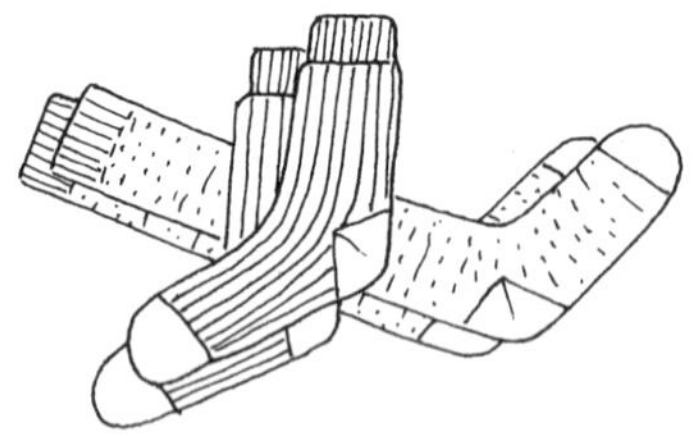

sock/stocking, stoca
  (the) socks/stockings, (na) stocaí
tie, carbhat

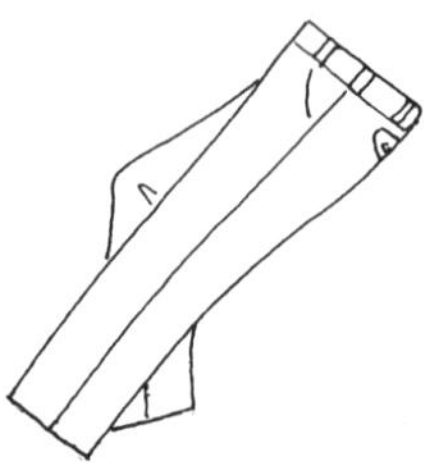

trousers, bríste

7. **Pastimes** — Caithimh Aimsire

ball, liathróid
bicycle, rothar
  riding a bicycle, ag rothaíocht
blind-man's-buff, púicín
board, clár
  board game, cluiche cláir
book, leabhar
  reading a book, ag léamh leabhair
cards, cártaí

cassette, caiséad
cinema, pictiúrlann
  in the cinema, sa phictiúrlann
concert, ceolchoirm
doll, bábóg
  doll's house, teach bábóige
draughts, táiplis
  draughtboard, clár táiplise
film, scannán
game, cluiche
  (the) games, (na) cluichí
marbles, mirlíní
music, ceol
  playing music, ag seinm ceoil
musical chairs, cathaoireacha ceoil

play, dráma

programme, clár
  radio programme, clár raidió
  television programme, clár teilifíse
radio, raidió
record, ceirnín
  (the) records, (na) ceirníní
record-player, seinnteoir ceirníní
song, amhrán
swing, luascán
tape, téip
  (the) tapes, (na) téipeanna

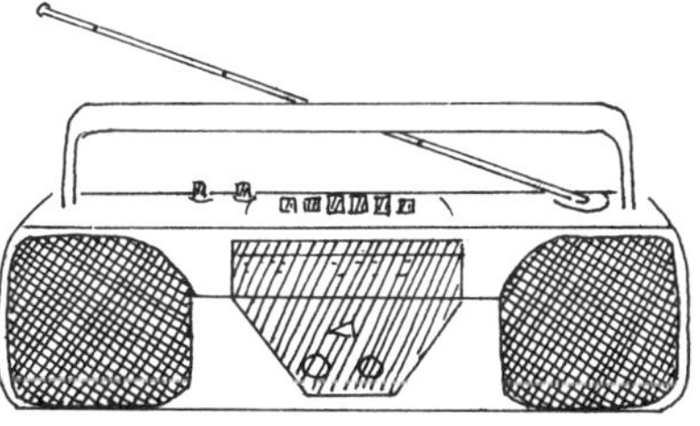

tape-recorder, téipthaifeadán
television, teilifís
  on television, ar an teilifís
toy, bréagán
  (the) toys, (na) bréagáin

• • • • • • • •

camping, ag campáil
cycling, ag rothaíocht
listening to . ., ag éisteacht le . .
looking at . ., ag féachaint ar . .
painting, ag péintéireacht
playing, ag súgradh
playing a game, ag imirt cluiche
playing music, ag seinm ceoil
reading, ag léamh

8. Sport and Games — Spórt agus Cluichí

athletics, lúthchleasa
ball, liathróid
camogie, camógaíocht
 playing camogie, ag imirt camógaíochta
camogie-stick, camóg
captain, captaen
cup (trophy), corn
field/park, páirc
 the field, an pháirc
final, cluiche ceannais
finishing-line, ceann sprice
football, peil
 a game of football, cluiche peile
 playing football, ag imirt peile
footballer, peileadóir
game, cluiche
goal, cúl
 in the goal, sa chúil
 I scored a goal, ghnóthaigh mé cúl

goalkeeper, cúl báire
goalpost, cuaille
 (the) goalposts, (na) cuaillí
golf, galf
 playing golf, ag imirt gailf
half-time, leathama
hurler, iománaí
hurley, camán
hurling, iománaíocht
 playing hurling, ag imirt iománaíochta
hurling-ball, sliotar
jersey, geansaí
 (the) jerseys, (na) geansaithe
jump, léim
kick, cic
 a free kick, saorchic
 I kicked the ball, thug mé cic don liathróid
point, cúilín/pointe
puck, poc
 a free puck, saorphoc
race, rás
 running a race, ag rith rása

referee, réiteoir
rugby, rugbaí
 playing rugby, ag imirt rugbaí
score, scór
 I scored, ghnóthaigh mé scór
sideline, taobhlíne
 on the sideline, ar an taobhlíne
soccer, sacar
 playing soccer, ag imirt sacair
spectators, lucht féachana
swimming, snámh
team, foireann
 the school team, foireann na scoile
 (the) teams, (na) foirne
trainer, traenálaí
umpire, moltóir
whistle, feadóg
 the whistle, an fheadóg

9. Food and Drink — Bia agus Deoch

bacon, bagún
  a rasher, slisín bagúin
beans, pónairí
bottle, buidéal
  in the bottle, sa bhuidéal

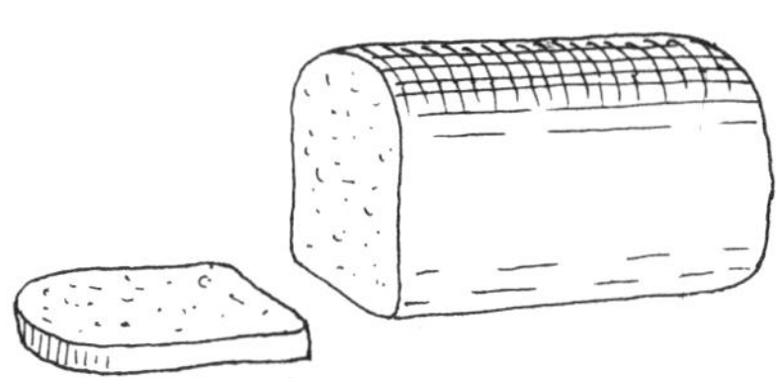

bread, arán
  a slice of bread, slisne aráin
breakfast, bricfeasta

burger, borgaire
butter, im
cake, cáca
  a sweet cake, cáca milis
chicken, sicín
  a roast chicken, sicín rósta

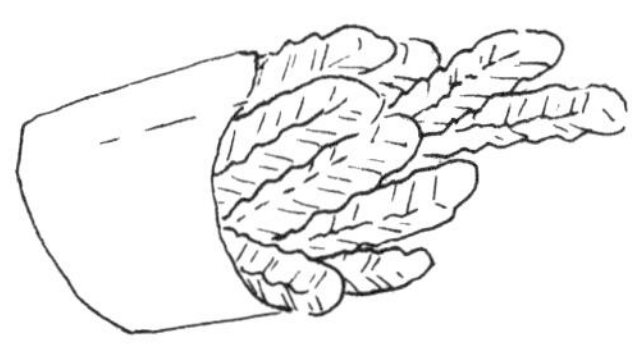

chips, sceallóga prátaí
coffee, caife
  a cup of coffee, cupán caife
cup, cupán
  in the cup, sa chupán
  (the) cups, (na) cupáin

dinner, dinnéar
  dinner-time, am dinnéir
egg, ubh
fork, forc

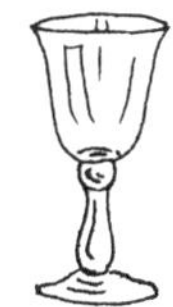

glass, gloine
  in the glass, sa ghloine
jam, subh
  a pot of jam, pota suibhe
knife, scian
  (the) knives, (na) sceana
lemonade, líomanáid
lunch, lón
  lunch-time, am lóin
meal, béile
  a tasty meal, béile blasta

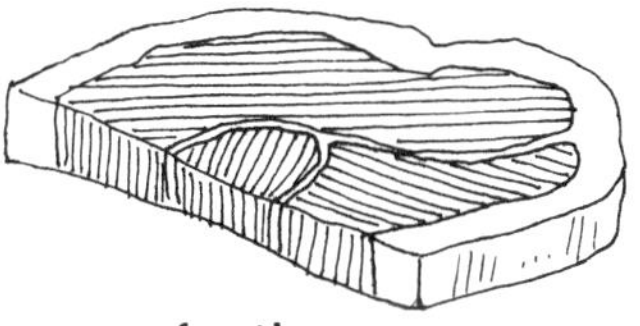

meat, feoil
  the meat, an fheoil
milk, bainne
orange juice, sú oráiste
peas, piseanna

pepper, piobar

plate, pláta
on the plate, ar an bpláta
(the) plates, (na) plátaí
porridge, leite

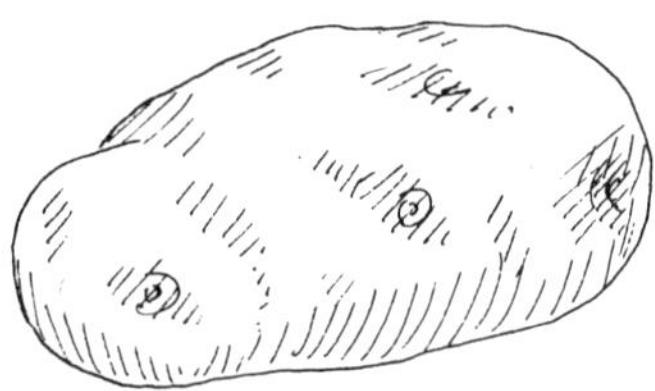

potato, práta
(the) potatoes, (na) prátaí
pudding, maróg
Christmas pudding, maróg na Nollag
salt, salann
sauce, anlann
white/brown/red sauce, anlann bán/donn/dearg
saucer, fochupán
on the saucer, ar an bhfochupán

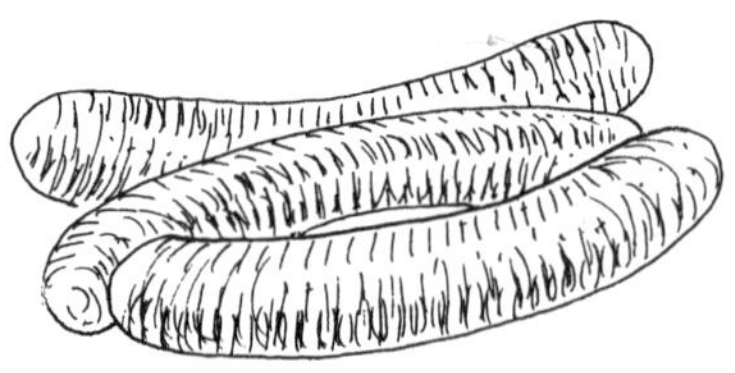

sausage(s), ispín(í)
soup, anraith

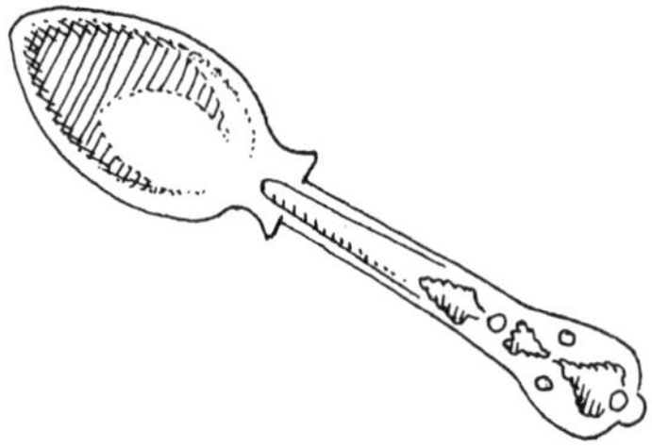

spoon, spúnóg
(the) spoons, (na) spúnóga

sugar, siúcra
supper, suipéar
supper-time, am suipéir

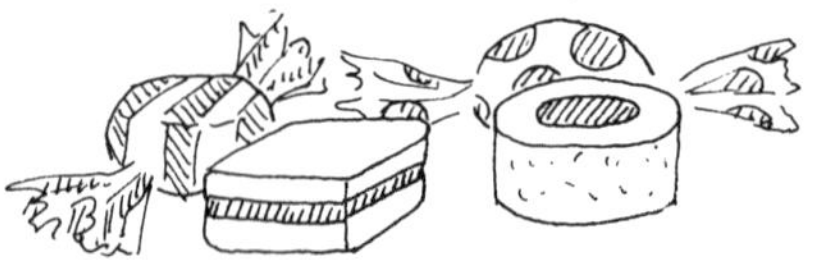

sweets, milseáin
tea, tae
a cup of tea, cupán tae

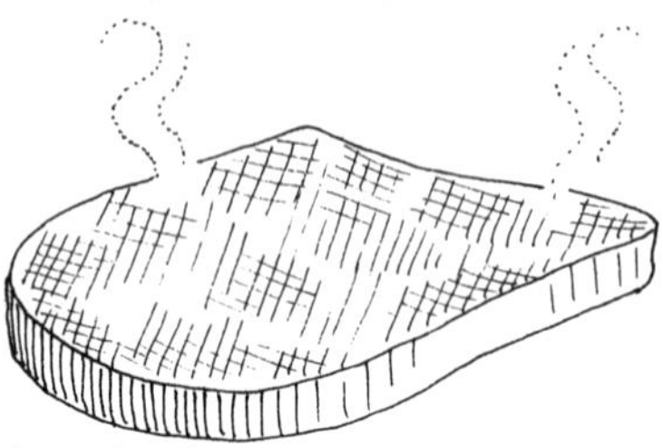

toast, tósta
vegetables, glasraí

• • • • • • • •

baking, ag bácáil
boiling, ag bruith
cutting, ag gearradh

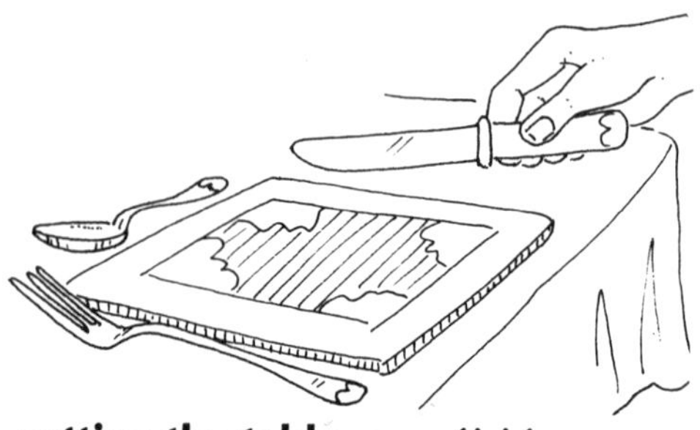

setting the table, ag cóiriú an bhoird
the meal is ready, tá an béile réidh

10. At School — Ar Scoil

absent, as láthair

answer, freagra
  a right/wrong answer, freagra ceart/mícheart

art, ealaín

bell/clock, clog
  the school bell, clog na scoile
  a bell/clock ringing, clog ag bualadh

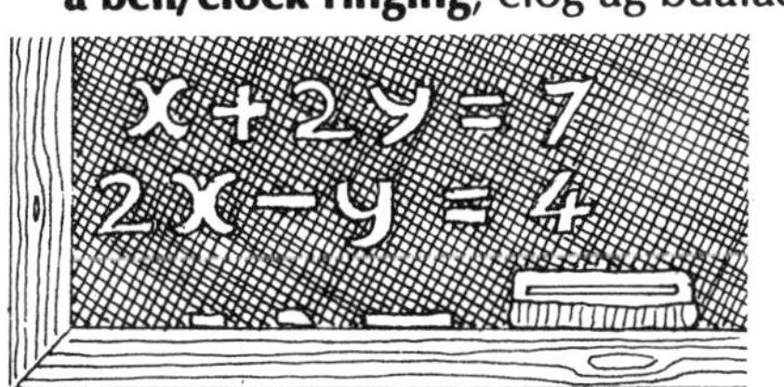

blackboard, clár dubh
  on the blackboard, ar an gclár dubh

book, leabhar
  reading a book, ag léamh leabhair
  (the) books, (na) leabhair

brush, scuab

chair, cathaoir
  on the chair, ar an gcathaoir
  (the) chairs, (na) cathaoireacha

chalk, cailc
  a piece of chalk, píosa cailce

chart, cairt
  the chart, an chairt
  on the chart, ar an gcairt

child, páiste
  (the) children, (na) páistí

class, rang
  third class, rang a trí
  (the) classes, (na) ranganna

copybook, cóipleabhar
  in the copybook, sa chóipleabhar

desk, deasc

duster, glantóir

English, Béarla

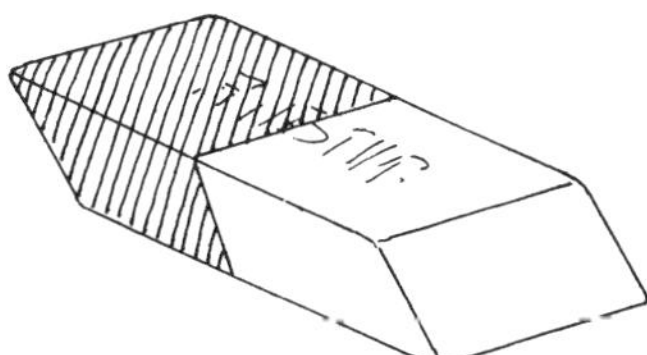

eraser, scriosán

filmstrip, stiallscannán

geography, tíreolaíocht

history, stair

homework, obair bhaile

inspector, cigire

Irish, Gaeilge

lesson, ceacht
  (the) lessons, (na) ceachtanna

library, leabharlann
  in the library, sa leabharlann

lunch, lón
  lunch-time, am lóin

mathematics, matamaitic

music, ceol
  playing music, ag seinm ceoil

page, leathanach
  (the) pages, (na) leathanaigh

paint, péint

pen, peann

pencil, peann luaidhe

physical education (PE), corpoideachas

picture, pictiúr

drawing a picture, ag tarraingt pictiúir

(the) pictures, (na) pictiúir

prayer, paidir

(the) prayers, (na) paidreacha

present, i láthair

press, cófra

in the press, sa chófra

(the) presses, (na) cófraí

principal teacher, príomhoide

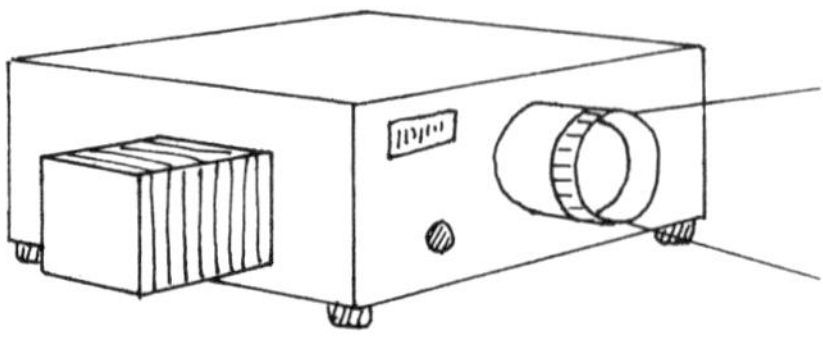

projector, teilgeoir

question, ceist

the question, an cheist

(the) questions, (na) ceisteanna

reading, léamh/léitheoireacht

religion, reiligiún

rest/break, sos

break-time, am sosa

room, seomra

classroom, seomra ranga

(the) rooms, (na) seomraí

rubber, rubar

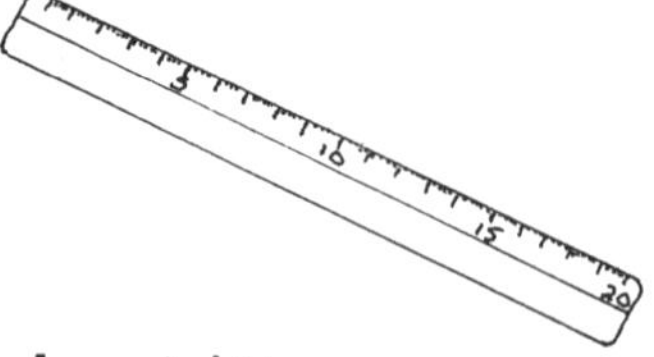

ruler, rialóir

schoolbag, mála scoile

in the schoolbag, sa mhála scoile

seat, suíochán

(the) seats, (na) suíocháin

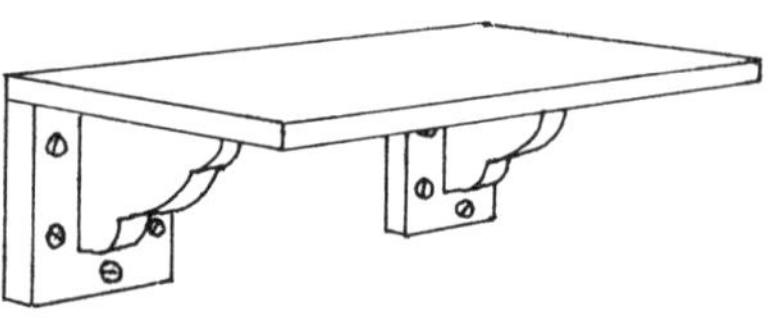

shelf, seilf

(the) shelves, (na) seilfeanna

spelling, litriú

a spelling book, leabhar litrithe

story, scéal

listening to the story, ag éisteacht leis an scéal

telling the story, ag insint an scéil

subject, ábhar

school subjects, ábhair scoile

sum, suim

doing the sum, ag déanamh na suime

(the) sums, (na) suimeanna

table, bord

on the table, ar an mbord

(the) tables, (na) boird

tape-recorder, téipthaifeadán
teacher, múinteoir
  the teacher's table, bord an mhúinteora
  (the) teachers, (na) múinteoirí
timetable, amchlár
writing, scríbhneoireacht

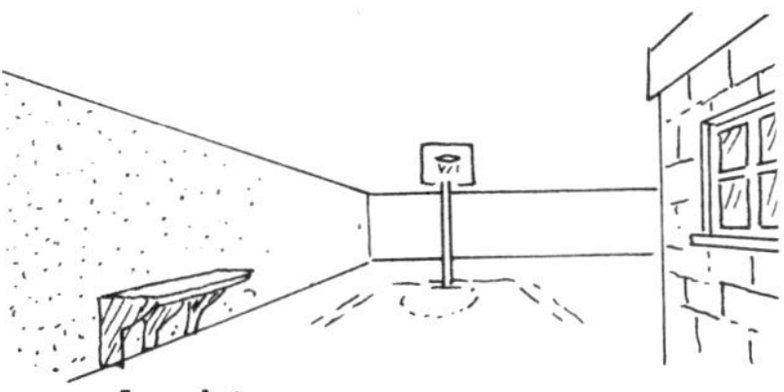

yard, clós
  in the yard, sa chlós

• • • • • • • •

crying, ag caoineadh/gol
drinking, ag ól
eating, ag ithe
laughing, ag gáire
learning, ag foghlaim
listening to . . ., ag éisteacht le . . .
looking at . . ., ag féachaint ar . . .

painting, ag péinteáil
playing, ag súgradh
reading, ag léamh
singing, ag canadh
spelling, ag litriú
talking, ag caint
working, ag obair
writing, ag scríobh

• • • • • • • •

bold, dána
careful, cúramach
clean, glan
difficult/hard, deacair

dirty, salach
easy, éasca
good, maith
neat, néata
nice, deas
quiet, ciúin

• • • • • • • •

badly, go dona
carefully, go cúramach
neatly, go néata
quickly, go tapa
quietly, go ciúin
slowly, go mall
well, go maith

11. The School Tour — An Turas Scoile

aeroplane, eitleán
the aeroplane, an t-eitleán
airport, aerfort
the airport, an t-aerfort
animal, ainmhí
the animal, an t-ainmhí
(the) animals, (na h) ainmhithe
bag, mála
in the bag, sa mhála

beach, trá
beautiful, álainn
bus, bus
on the bus, ar an mbus
(the) buses, (na) busanna

camera, ceamara
castle, caisleán
city, cathair
the city, an chathair
in the city, sa chathair
county, contae
(the) counties, (na) contaetha
driver, tiománaí
early, go moch
early in the morning, go moch ar maidin

end of the day, deireadh an lae
excited, ar sceitimíní
fare, táille

farm, feirm
the farm, an fheirm
on the farm, ar an bhfeirm
farmer, feirmeoir
film, scannán
food, bia
friend, cara
my friends, mo chairde
history, stair
journey, turas
the end of the journey, deireadh an turais

lake, loch
(the) lakes, (na) lochanna
lunch, lón
meal, béile
a tasty meal, béile blasta
minerals (drinks), uiscí mianra
money, airgead
saving money, ag sábháil airgid
spending money, ag caitheamh airgid

mountain, sliabh
  (the) mountains, (na) sléibhte
parents, tuismitheoirí
photograph, grianghraf
places, áiteanna
  interesting places, áiteanna suimiúla
railway, iarnród
river, abhainn
  (the) rivers, (na h) aibhneacha

round tower, cloigtheach
ruin, fothrach
sandwiches, ceapairí
satisfied, sásta
scene, radharc
sea, farraige
  the sea, an fharraige
seaside, cois farraige
ship, long
  (the) ships, (na) longa
station, stáisiún
  railway station, stáisiún traenach
strand, trá
  on the strand, ar an trá
sunny, grianmhar
  a fine sunny day, lá breá gréine

tired, tuirseach
  very tired, tuirseach traochta

train, traein
weather, aimsir
  bad weather, drochaimsir
  fine weather, aimsir bhreá
  weather forecast, réamhaisnéis na haimsire
wonderful, iontach
zoo, zú

• • • • • • • •

collecting, ag bailiú/cruinniú
drinking, ag ól
eating, ag ithe
laughing, ag gáire
listening to . . ., ag éisteacht le . . .
looking at . . ., ag féachaint ar . . .
photographing . . ., ag glacadh grianghraif de . . .
playing, ag súgradh
singing, ag canadh

swimming, ag snámh
talking, ag caint
visiting . . ., ag déanamh cuairt ar . . .

12. **The Town** — An Baile Mór

bank, banc
bus-stop, stad an bhus

car park, charrchlós
church, séipéal
cinema, pictiúrlann
  in the cinema, sa phictiúrlann
city, cathair
  the city, an chathair
  in the city, sa chathair
  the centre of the city, lár na cathrach

convent, clochar
  in the convent, sa chlochar
factory, monarcha
  the factory, an mhonarcha
  (the) factories, (na) monarchana
garda station, stáisiún na ngardaí
hospital, ospidéal
  the hospital, an t-ospidéal
hotel, óstlann
library, leabharlann
office, oifig
park, páirc
  the park, an pháirc
  in the park, sa pháirc

petrol station, stáisiún peitril
railway station, stáisiún traenach
school, scoil
  (the) schools, (na) scoileanna
shop, siopa
  (the) shops, (na) siopaí
street, sráid
  the street, an tsráid
  on the street, ar an tsráid
  across the street, trasna na sráide
  (the) streets, na sráideanna
supermarket, ollmhargadh
  the supermarket, an t-ollmhargadh
  in the supermarket, san ollmhargadh

swimming-pool, linn shnámha
town, baile mór
  in the town, sa bhaile mór
  (the) towns, (na) bailte móra

traffic, trácht
  traffic-lights, soilse tráchta
  traffic warden, maor tráchta

13. Shops and Shopkeepers — Siopaí agus Siopadóirí

bag, mála
  in the bag, sa mhála
baker, báicéir
  baker's shop, siopa báicéara
barber, bearbóir
  barber shop, siopa bearbóra

basket, ciseán
  in the basket, sa chiseán
butcher, búistéir
  butcher shop, siopa búistéara
café, caife
  in the café, sa chaife
change, briseadh
  change of a euro, briseadh euro

checkout, cuntar amach
  checker, seicire
chemist, poitigéir
  chemist shop, siopa poitigéara
customer, custaiméir
  (the) customers, (na) custaiméirí

draper, éadaitheoir
  drapery shop, siopa éadaigh

food, bia
  food shop, siopa bia
garage, garáiste
grocer, grósaeir
  grocery shop, siopa grósaeireachta
hairdresser, gruagaire
list, liosta
  a list of..., liosta de...
message, teachtaireacht
  (the) messages, (na) teachtaireachtaí

money, airgead
  I paid the money, d'íoc mé an t-airgead
parcel, beart
  in the parcel, sa bheart
  (the) parcels, (na) bearta

cent, cent
  2 cent coin, bonn dhá cent
  5 cent coin, bonn cúig cent
  10 cent coin, bonn deich cent
  20 cent coin, bonn fiche cent
  50 cent coin, bonn caoga cent

post office, oifig an phoist
euro, euro
  1 euro coin, bonn aon euro
  2 euro coin, bonn dhá euro
  5 euro note, nóta cúig euro
  10 euro note, nóta deich euro
  20 euro note, nóta fiche euro
price, luach
shoe shop, siopa bróg
shop, siopa
  (the) shops, (na) siopa

shopkeeper, siopadóir
  (the) shopkeepers, (na) siopadóirí
shopper, siopaeir
  (the) shoppers, (na) siopaeirí
supermarket, ollmhargadh
  in the supermarket, san ollmhargadh

trolley, tralaí
  shopping-trolley, tralaí siopadóireachta

video shop, siopa físeán

• • • • • • • •

buying, ag ceannach
counting, ag comhaireamh

packing, ag pacáil
paying, ag íoc
selling, ag díol
shopping, ag siopadóireacht
working, ag obair

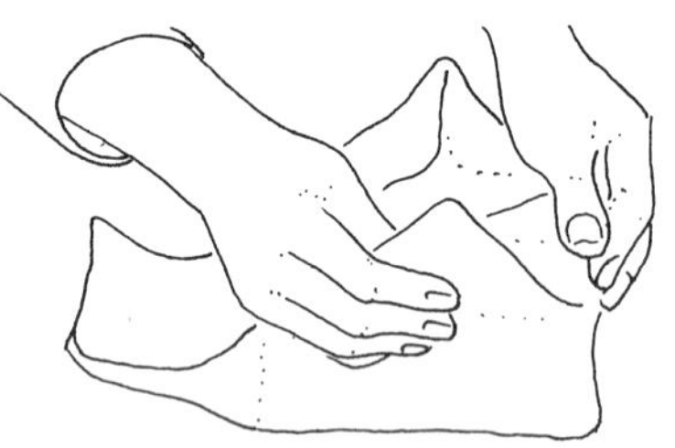

wrapping, ag clúdach

14. The Hospital — An tOspidéal

accident, timpiste
an accident happened, tharla timpiste
bandage, bindealán
bed, leaba
(the) beds, (na) leapacha

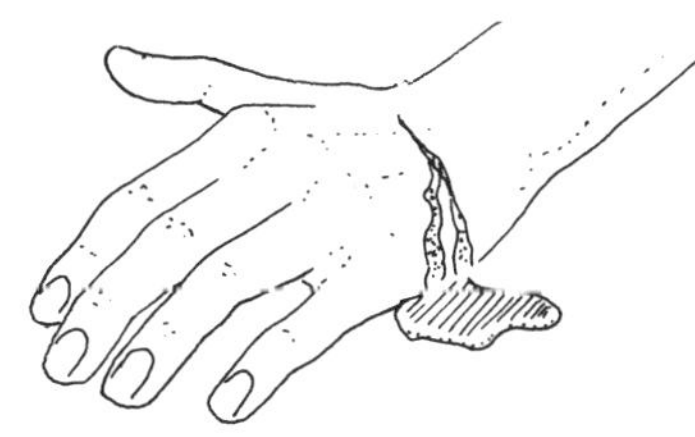

cut, gearradh
doctor, dochtúir
(the) doctors, (na) dochtúirí
fever, fiabhras
hospital, ospidéal
the hospital, an t-ospidéal
in the hospital, san ospidéal
illness, tinneas
I was ill, bhí tinneas orm/bhí mé tinn

injection, instealladh
she gave me an injection, thug sí instealladh dom
nurse, banaltra
the nurse, an bhanaltra
(the) nurses, (na) banaltraí
pain, pian
the pain, an phian
(the) pains, (na) pianta
patient, othar

stitch, snaidhm
I got stitches in my head, fuair mé snaidhmeanna i mo cheann
tablet, táibléad
tablets, táibléid
temperature, teocht
he took my temperature, ghlac sé mo theocht
thermometer, teirmiméadar

visitors, cuairteoirí
ward, barda
in the ward, sa bharda

• • • • • • • •

bleeding, ag cur fola
coughing, ag casachtach
examining, ag scrúdú
getting better, ag dul i bhfeabhas
getting worse, ag dul in olcas

sneezing, ag sraothartach

• • • • • • • •

ill, tinn

15. Accidents — Timpistí

accident, timpiste/tionóisc
  the accident, an timpiste
  road accident, timpiste bhóthair
  I had an accident, bhain timpiste dom
  (the) accidents, (na) timpistí

ambulance, otharcharr
  the ambulance, an t-otharcharr

blaze, dóiteán

broken, briste
  a broken ankle, rúitín briste
  a broken arm, lámh bhriste
  a broken bone, cnámh bhriste
  a broken leg, cos bhriste

crash, tuairt

crowd, slua
  a crowd gathered, bhailigh slua

dangerous, contúirteach

dead, marbh

doctor, dochtúir

fire, tine
  on fire, trí thine
  fire alarm, aláram dóiteáin
  the fire brigade, an bhriogáid dóiteáin
  fire engine, inneall dóiteáin
  fireman/firewoman, fear dóiteáin/bean dhóiteáin

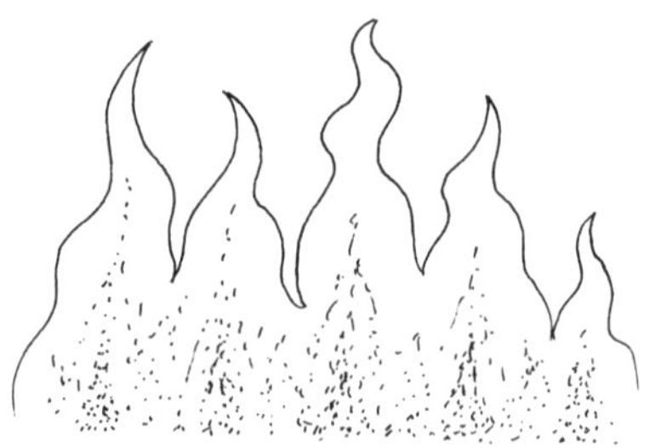

flames, lasracha

guard, garda
  (the) guards, (na) gardaí

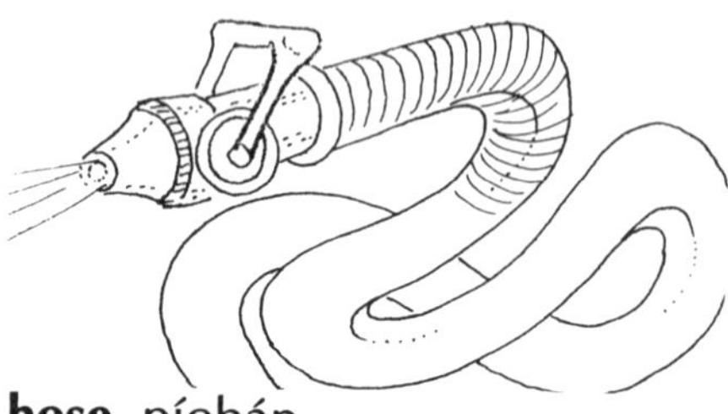

hose, píobán
  (the) hoses, (na) píobáin

hospital, ospidéal
  to the hospital, go dtí an t-ospidéal

injured, gortaithe
  badly injured, gortaithe go dona

ladder, dréimire

lifeguard, maor snámha

nurse, banaltra
  the nurse, an bhanaltra

pain, pian
  the pain, an phian

quickly, go tapa

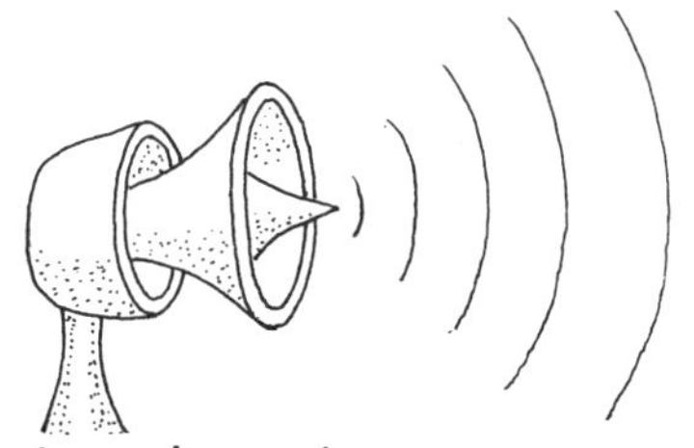

siren, bonnán
  the sound of the siren, fuaim an bhonnáin
smoke, deatach
  dense smoke, deatach tiubh
  clouds of smoke, néalta deataigh

sparks, spréacha
telephone, teileafón
  telephone box, bosca teileafóin
  telephone call, glao teileafóin

unconscious, gan aithne
urgent, práinneach
  an urgent call, glao práinneach
wrecked, scriosta
x-ray, x-gha

• • • • • • • •

bleeding, ag cur fola

burning, ag dó
calling, ag glaoch
calling to . . ., ag glaoch ar . . .

drowning, ag bá
dying, ag fáil báis
fainting, ag titim i bhfanntais
notifying . . ., ag cur fios ar . . .

pouring water, ag stealladh uisce
quenching, ag múchadh
questioning, ag ceistiú
rescuing, ag tarrtháil
rising, ag éirí

running, ag rith
saving, ag sábháil
shouting, ag béiceadh
x-raying, ag x-ghathú

16. At the Seaside — Cois Farraige

beach, trá

boat, bád

  in the boat, sa bhád

  (the) boats, (na) báid

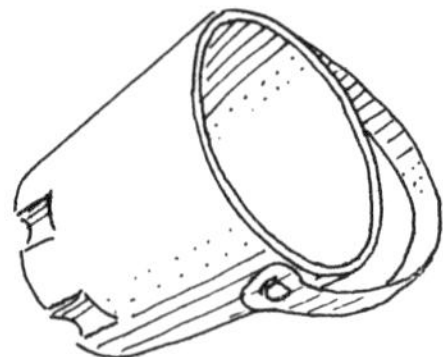

bucket, buicéad

  in the bucket, sa bhuicéad

cave, pluais

  in the cave, sa phluais

cliff, aill

  I fell down a cliff, thit mé le haill

cold, fuar

crab, portán

  (the) crabs, (na) portáin

fish, iasc

  (the) fishes, (na h) éisc

fisherman, iascaire

  the fisherman, an t-iascaire

holidays, laethanta saoire

  to go on holidays, dul ar laethanta saoire

hot, te

lifebelt, crios tarrthála

  I threw a lifebelt to him/her, chaith mé crios tarrthála chuige/chuici

lifeguard, maor snámha

lighthouse, teach solais

net, líontán

oars, maidí rámha

picnic, picnic

pool, linn

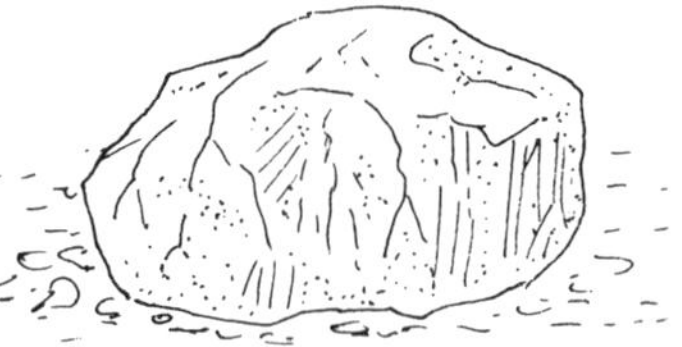

rock, carraig

  the rock, an charraig

  (the) rocks, (na) carraigeacha

sand, gaineamh

sandcastle, caisleán gainimh

sandhill, dumhach

  (the) sandhills, (na) dumhcha

sea, farraige

  the sea, an fharraige

seaweed, feamainn

shell, sliogán
  (the) shells, (na) sliogáin

ship, long
  (the) ships, (na) longa

spade, spád

stone, cloch
  the stone, an chloch
  (the) stones, (na) clocha

strand, trá
  on the strand, ar an trá

sunny, grianmhar
  a fine sunny day, lá breá gréine

swimming trunks, bríste snámha

swimsuit, culaith shnámha

tide, taoide

towel, tuáille

water, uisce
  the water, an t-uisce

wave, tonn
  (the) waves, (na) tonnta

weather, aimsir
  weather forecast, réamhaisnéis na haimsire

• • • • • • • •

boating, ag bádóireacht

camping, ag campáil

climbing, ag dreapadóireacht

fishing, ag iascaireacht

gathering, ag bailiú/cruinniú

jumping, ag léim

paddling, ag lapadaíl

playing, ag súgradh

rowing, ag rámhaíocht

searching, ag cuardach

sunbathing, ag grianaíocht

swimming, ag snámh

walking, ag siúl

17. The Farm — An Fheirm

bull, tarbh
bush, tor
 (the) bushes, (na) toir
calf, lao
 (the) calves, (na) laonna
cat, cat
 (the) cats, (na) cait
chicken, sicín
 (the) chickens, (na) sicíní
clay, cré
cock, coileach

combine harvester, comhbhuainteoir
corn, arbhar
cow, bó
 the cow, an bhó
 (the) cows, (na) ba
 milking the cows, ag crú na mbó
cowhouse, cró na mbó
creamery, uachtarlann
dog, madra
 (the) dogs, (na) madraí
 sheepdog, madra caorach
donkey, asal
 the donkey, an t-asal
 (the) donkeys, (na h) asail
duck, lacha
 (the) ducks, (na) lachain
egg, ubh
 (the) eggs, (na h) uibheacha
farm, feirm
 the farm, an fheirm
 on the farm, ar an bhfeirm
 (the) farms, (na) feirmeacha
farmer, feirmeoir
 (the) farmers, (na) feirmeoirí
farmhouse, teach feirme
farmyard, clós feirme
 in the farmyard, sa chlós feirme
fence, claí
 over the fence, thar an gclaí
field, páirc
 the field, an pháirc
 in the field, sa pháirc
 (the) fields, (na) páirceanna
foal, searrach
 (the) foals, (na) searraigh

goat, gabhar
 (the) goats, (na) gabhair
goose, gé
 the goose, an ghé
 (the) geese, (na) géanna
grass, féar
 cutting grass/hay, ag baint an fhéir
hay, féar/féar tirim
 hay bale, burla féir
haycock, coca féir
hen, cearc
 the hen, an chearc
 (the) hens, (na) cearca
henhouse, cró na gcearc
horse, capall
 (the) horses, (na) capaill
kid, meannán
 (the) kids, (na) meannáin

lamb, uan
the lamb, an t-uan
(the) lambs, (na h) uain
land, talamh
mart, marglann
milk, bainne
milking machine, inneall crúite
milking parlour, bleánlann
mowing machine, inneall bainte
oats, coirce
pig, muc
the pig, an mhuc
(the) pigs, (na) muca
piglet, banbh
(the) piglets, (na) bainbh
pigsty, cró na muc
plough, céachta
potato, práta
(the) potatoes, (na) prátaí
shed, bothán
in the shed, sa bhothán
sheep, caora
the sheep, an chaora
(the) sheep [plural], (na) caoirigh
silage, sadhlas
making silage, ag déanamh sadhlais
spade, spád
stable, stábla
tractor, tarracóir
on the tractor, ar an tarracóir
driving a tractor, ag tiomáint tarracóra

trailer, leantóir

tree, crann
(the) trees, (na) crainn
turkey, turcaí
(the) turkeys, (na) turcaithe
vegetables, glasraí
wheat, cruithneacht
yard, clós
in the yard, sa chlós

• • • • • • • •

barking, ag tafann
bellowing, ag búireadh
bleating, ag méileach
buying, ag ceannach
collecting, ag bailiú/cruinniú
cutting, ag gearradh
delivering, ag seachadadh
digging, ag rómhar
driving, ag tiomáint
fixing, ag deisiú
gathering, ag bailiú/cruinniú
grazing, ag iníor
growing, ag fás
grunting, ag gnúsachtach
hatching, ag goradh
laying, ag breith
lowing, ag géimneach
making, ag déanamh
milking, ag crú
mowing, ag baint
neighing, ag seitreach
planting, ag plandáil
ploughing, ag treabhadh
purring, ag crónán
selling, ag díol
sowing, ag cur

18. **Birds, Fish and Animals** — Éin, Éisc agus Ainmhithe

animal, ainmhí
  (the) animals, (na h) ainmhithe
bear, béar
  (the) bears, (na) béir
bee, beach
  the bee, an bheach
  (the) bees, (na) beacha
blackbird, lon dubh
  (the) blackbirds, (na) lonta dubha

burrow, poll coinín
butterfly, féileacán
  (the) butterflies, (na) féileacáin
calf, lao
cat, cat
  (the) cats, (na) cait

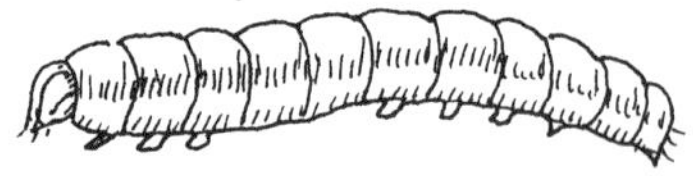

caterpillar, cruimh chabáiste
claw, crág
  (the) claws, (na) crága
cow, bó
  the cow, an bhó
  (the) cows, (na) ba
crow, préachán
  (the) crows, (na) préacháin
cuckoo, cuach
  the cuckoo, an chuach

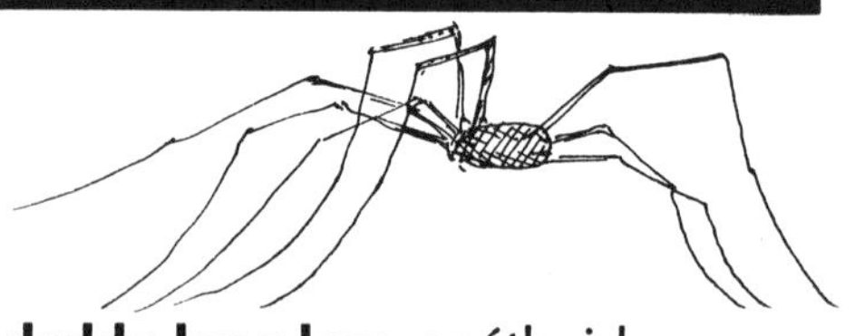

daddy-long-legs, snáthaid an phúca
den, pluais
donkey, asal
  the donkey, an t-asal
  (the) donkeys, (na h) asail
elephant, eilifint
  (the) elephants, (na h) eilifintí

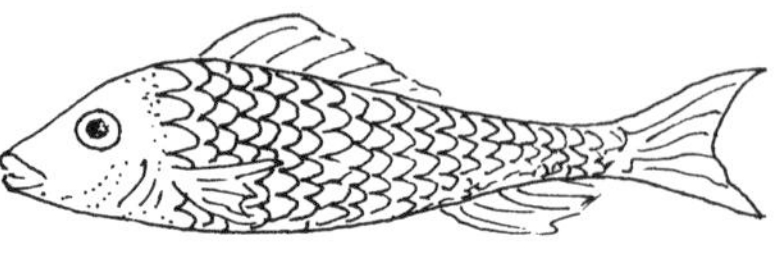

fish, iasc
  goldfish, iasc órga
  (the) fish [plural], (na h) éisc
fly, cuileog
  (the) flies, (na) cuileoga
foal, searrach
fox, sionnach
frog, frog
  (the) frogs, (na) froganna

giraffe, sioráf
  (the) giraffes, (na) sioráif
goat, gabhar
  (the) goats, (na) gabhair
grasshopper, dreoilín teaspaigh

greyhound, cú
(the) greyhounds, (na) cúnna
hare, giorria
(the) hares, (na) giorriacha

hawk, seabhac
hedgehog, gráinneog
the hedgehog, an ghráinneog
hoof, crúb
(the) hooves, (na) crúba
horn, adharc
(the) horns, (na h) adharca
horse, capall
(the) horses, (na) capaill
hound, cú
(the) hounds, (na) cúnna
insect, feithid
the insect, an fheithid
(the) insects, (na) feithidí
jackdaw, cág
kid, meannán
kitten, piscín
(the) kittens, (na) piscíní
ladybird, bóín Dé
lamb, uan
the lamb, an t-uan
(the) lambs, (na h) uain

lion, leon

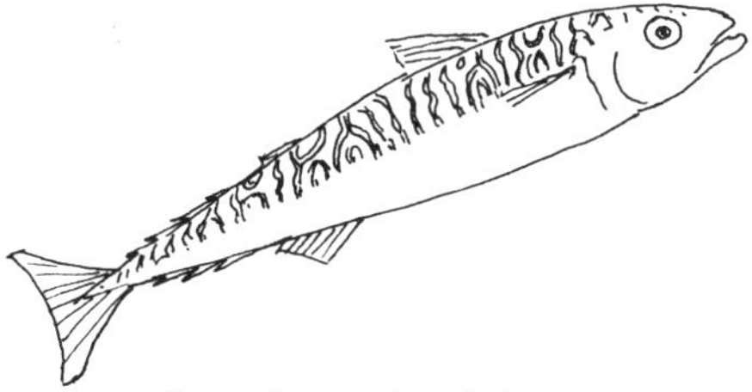

mackerel, maicréal
magpie, snag breac
monkey, moncaí
(the) monkeys, (na) moncaithe
mouse, luch
(the) mice, (na) lucha
nest, nead
(the) nests, (na) neadacha

paw, lapa
pet, peata
pig, muc
the pig, an mhuc
(the) pigs, (na) muca
piglet, banbh
(the) piglets, (na) bainbh
pup, coileán
rabbit, coinín
(the) rabbits, (na) coiníní
rat, francach
(the) rats, (na) francaigh
robin, spideog
the robin's nest, nead na spideoige
(the) robins, (na) spideoga

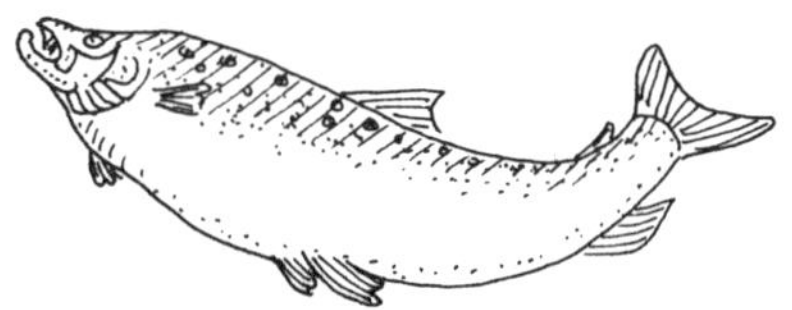

salmon, bradán

seagull, faoileán
  (the) seagulls, (na) faoileáin

seal, rón
  (the) seals, (na) rónta

shark, siorc

sheep, caora
  the sheep, an chaora
  (the) sheep [plural], (na) caoirigh

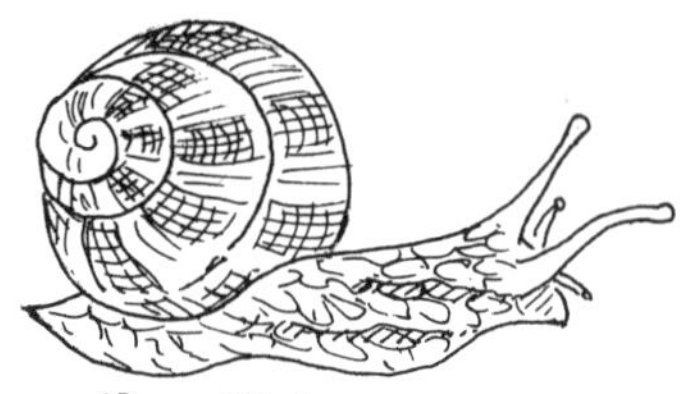

snail, seilide
  (the) snails, (na) seilidí

spider, damhán alla

sting, cealg
  the sting, an chealg

swallow, fáinleog
  the swallow, an fháinleog
  (the) swallows, (na) fáinleoga

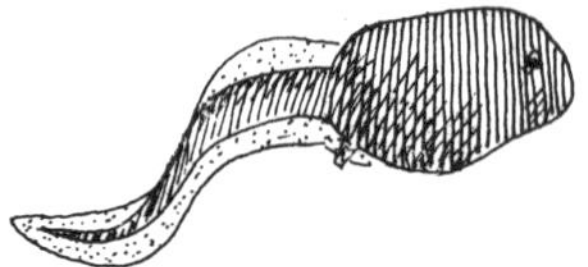

tadpole, torbán
  (the) tadpoles, (na) torbáin

tame, ceansa

thrush, smólach

tiger, tíogar

trout, breac
  (the) trout [plural], (na) bric

wasp, foiche
  the wasp, an fhoiche
  (the) wasps, (na) foichí

web, téada damháin alla

whale, míol mór

wild, allta

worm, péist
  the worm, an phéist
  (the) worms, (na) péisteanna

wren, dreoilín

zebra, séabra

• • • • • • • •

buzzing, ag dordán

chasing, ag tóraíocht

flying, ag eitilt

hibernating, ag geimhriú

hunting, ag fiach

pecking, ag piocadh

purring, ag crónán

roaring, ag búireadh

searching, ag cuardach

singing, ag canadh

sliding, ag sleamhnú

swinging, ag luascadh

19. Plants, Flowers and Trees — Plandaí, Bláthanna agus Crainn

apple, úll
  the apple, an t-úll
  (the) apples, (na h) úlla

bean, pónaire
  (the) beans, (na) pónairí

berry, caor
  the berry, an chaor
  (the) berries, (na) caora

blackberry, sméar dhubh
  (the) blackberries, (na) sméara dubha

branch, géag
  the branch, an ghéag
  (the) branches, (na) géaga

bush, tor
  (the) bushes, (na) toir

buttercup, cam an ime
  (the) buttercups, (na) cama an ime

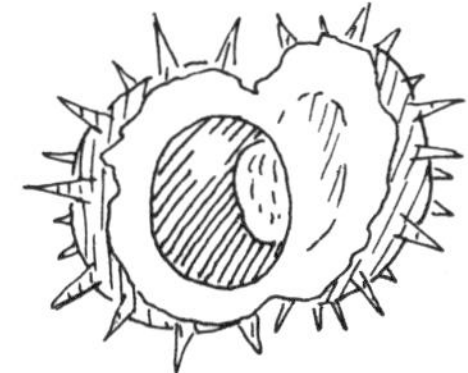

chestnut, cnó capaill
  chestnut tree, crann cnó capaill
  (the) chestnuts, (na) cnónna capaill

cowslip, bainne bó bleachtáin

daffodil, lus an chromchinn
  (the) daffodils, lusanna an chromchinn

daisy, nóinín
  (the) daisies, (na) nóiníní

dandelion, caisearbhán
  (the) dandelions, (na) caisearbháin

flower, bláth
  (the) flowers, (na) bláthanna

fruit, toradh
  (the) fruits, (na) torthaí

garden, gairdín
  in the garden, sa ghairdín

gooseberry, spíonán
  (the) gooseberries, (na) spíonáin

grass, féar

hedge, fál

holly, cuileann
  holly tree, crann cuilinn

ivy, eidhneán

leaf, duilleog
  (the) leaves, (na) duilleoga

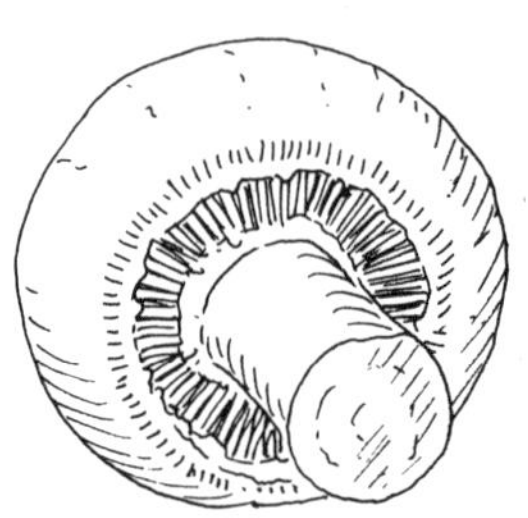

mushroom, beacán
  (the) mushrooms, (na) beacáin

nettle, neantóg
  (the) nettles, (na) neantóga

nut, cnó
  (the) nuts, (na) cnónna

oak, dair
  oak tree, crann darach

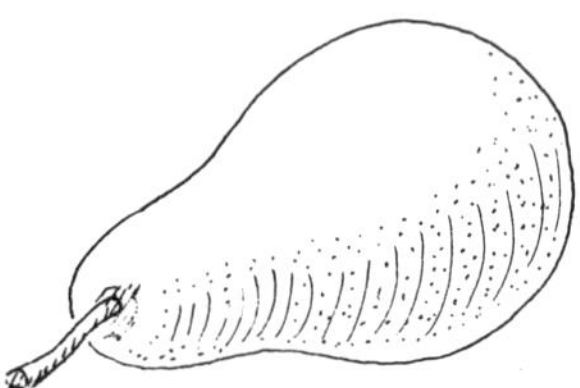

pear, piorra

pine, giúis
  pine tree, crann giúise

plant, planda
  (the) plants, (na) plandaí

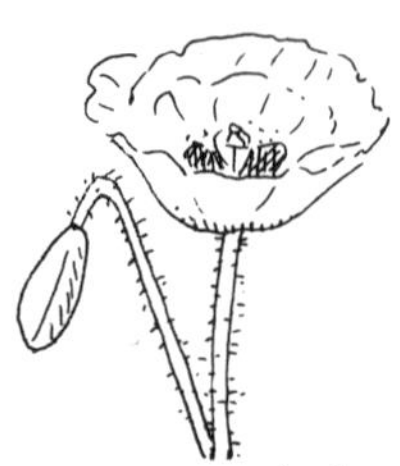

poppy, poipín
  (the) poppies, (na) poipíní

primrose, sabhaircín
  (the) primroses, (na) sabhaircíní

raspberry, sú craobh
  (the) raspberries, (na) sútha craobh

rose, rós
  (the) roses, (na) rósanna

seed, síol
  (the) seeds, (na) síolta

shamrock, seamróg
  the shamrock, an tseamróg

strawberry, sú talún
  (the) strawberries, (na) sútha talún

sunflower, lus na gréine
  (the) sunflowers, (na) lusanna na gréine

thistle, feochadán
  (the) thistles, (na) feochadáin

thorn, dealg
  (the) thorns, (na) dealga

tree, crann
  (the) trees, (na) crainn

violet, sailchuach
  (the) violets, (na) sailchuacha

wallflower, lus an bhalla

weed, fiaile
  (the) weeds, (na) fiailí

willow, saileach
  willow tree, crann sailí

20. Transport and Travel — Iompar agus Taisteal

aeroplane, eitleán
the aeroplane, an t-eitleán
jet plane, scairdeitleán
(the) aeroplanes, (na h) eitleáin

airport, aerfort
the airport, an t-aerfort

bicycle, rothar

boat, bád
in the boat, sa bhád

brake, coscán
(the) brakes, na coscáin

bridge, droichead

bus, bus
on the bus, ar an mbus
bus-stop, stad an bhus
(the) buses, (na) busanna

car, carr/gluaisteán
in the car, sa charr
car park, carrchlós

corner, cúinne
around the corner, timpeall an chúinne
(the) corners, (na) cúinní

cyclist, rothaí

driver, tiománaí

fare, táille

garage, garáiste
in the garage, sa gharáiste

helicopter, héileacaptar

journey, turas

lorry, leoraí

motorcycle, gluaisrothar

motorcyclist, gluaisrothaí

passenger, paisinéir
(the) passengers, (na) paisinéirí

pedestrian, coisí
(the) pedestrians, (na) coisithe

pilot, píolóta

railway, iarnród
railway station, stáisiún traenach

river, abhainn

road, bóthar
on the road, ar an mbóthar
crossroad, crosbhóthar
(the) roads, (na) bóithre

runway, rúidbhealach

ship, long
on board ship, ar bord loinge

station, stáisiún

taxi, tacsaí
(the) taxis, (na) tacsaithe

ticket, ticéad
(the) tickets, (na) ticéid

traffic, trácht
traffic-lights, soilse tráchta
traffic warden, maor tráchta

train, traein

truck, trucail
(the) trucks, (na) trucailí

van, veain
(the) vans, (na) veaineanna

• • • • • • • •

blowing, ag séideadh
crossing, ag trasnú
cycling, ag rothaíocht
driving, ag tiomáint
flying, ag eitilt
running, ag rith
taking-off, ag éirí
travelling, ag taisteal
walking, ag siúl

21. Occupations — Slite Beatha

air-hostess, aeróstach
baker, báicéir
barber, bearbóir
builder, tógálaí
butcher, búistéir
carpenter, siúinéir
chemist, poitigéir

cook, cócaire
dentist, fiaclóir
doctor, dochtúir
driver, tiománaí
electrician, leictreoir
farmer, feirmeoir
fisherman/woman, iascaire
guard, garda

hairdresser, gruagaire

mechanic, meicneoir
musician, ceoltóir

nun, bean rialta
nurse, banaltra
office worker, oibrí oifige
painter, péintéir
pilot, píolóta
plumber, pluiméir
postman/woman, fear/bean an phoist
priest, sagart
sailor, mairnéalach
secretary, rúnaí
shop assistant, freastalaí siopa
shopkeeper, siopadóir

singer, amhránaí
soldier, saighdiúir
tailor, táilliúir
teacher, múinteoir
veterinary surgeon, tréidlia
waiter/waitress, freastalaí

• • • • • • • •

blessing, ag beannú
building, ag tógáil

caring for . . ., ag tabhairt aire do . . .
carrying, ag iompar
cooking, ag cócaireacht

counting, ag comhaireamh
curing, ag leigheas
cutting, ag gearradh
cutting hair, ag bearradh gruaige
delivering, ag seachadadh
farming, ag feirmeoireacht
fishing, ag iascaireacht
fixing, ag deisiú

flying, ag eitilt
making, ag déanamh
mending, ag deisiú

playing music, ag seinm ceoil
praying, ag guí
sailing, ag seoltóireacht

selling, ag díol
serving . . ., ag freastal ar . . .
singing, ag canadh
styling, ag stíleáil

teaching, ag múineadh

• • • • • • • •

I would like to be a doctor, ba mhaith liom a bheith i mo dhochtúir
I wouldn't like to be a farmer, níor mhaith liom a bheith i m'fheirmeoir
I would rather be a musician, b'fhearr liom a bheith i mo cheoltóir

22. The Weather — An Aimsir

cloud, scamall
  (the) clouds, (na) scamaill
cold, fuar
dark, dorcha
  a dark night, oíche dhorcha
dry, tirim
fine, breá

frost, sioc
  freezing, ag cur seaca
frozen, reoite
hailstones, clocha sneachta
hot, te
ice, leac oighir

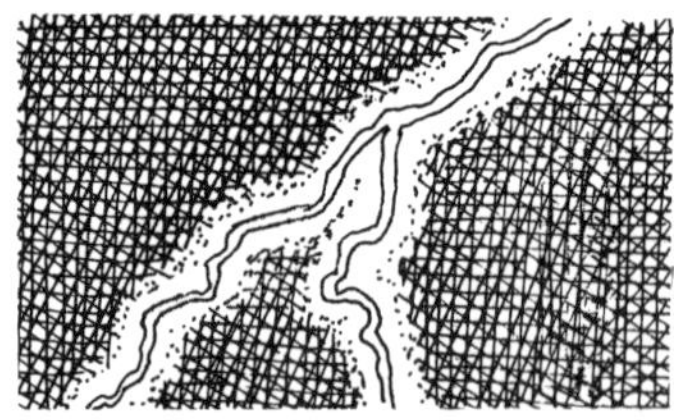

lightning, tintreach
  a flash of lightning, splanc thintrí
moon, an ghealach
  the light of the moon, solas na gealaí
rain, báisteach/fearthainn
  the rain, an bháisteach/fhearthainn
  raining, ag cur báistí/fearthainne
rainbow, bogha báistí
snow, sneachta
  snowing heavily, ag cur sneachta go trom
  snowflakes, calóga sneachta

storm, stoirm
sun, an ghrian
  a sunny day, lá gréine
thunder, toirneach
  a clap of thunder, plimp thoirní
weather, aimsir
  good weather, aimsir mhaith
  bad weather, drochaimsir
  weather forecast, réamhaisnéis na haimsire
wet, fliuch
  wet weather, aimsir fhliuch
wind, an ghaoth

windy, gaofar

• • • • • • • •

blowing, ag séideadh
falling, ag titim

shining, ag taitneamh

23. Days — Laethanta

Sunday, An Domhnach
  on Sunday, Dé Domhnaigh
Monday, An Luan
  on Monday, Dé Luain
Tuesday, An Mháirt
  on Tuesday, Dé Máirt
Wednesday, An Chéadaoin
  on Wednesday, Dé Céadaoin
Thursday, An Déardaoin
  on Thursday, Déardaoin

Friday, An Aoine
  on Friday, Dé hAoine
Saturday, An Satharn
  on Saturday, Dé Sathairn

on last Monday, Dé Luain seo caite
on next Friday, Dé hAoine seo chugainn

24. Months — Míonna

January, Eanáir
February, Feabhra
March, Márta
April, Aibreán
May, Bealtaine
June, Meitheamh
July, Iúil
August, Lúnasa

September, Meán Fómhair
October, Deireadh Fómhair
November, Samhain
December, Nollaig

June 19, 2002, Meitheamh 19, 2002

25. Seasons — Séasúir

spring, an t-earrach
  in spring, san earrach
summer, an samhradh
  in summer, sa samhradh

autumn, an fómhar
  in autumn, san fhómhar
winter, an geimhreadh
  in winter, sa gheimhreadh

26. Colours — Dathanna

black, dubh
blue, gorm
  navy blue, dúghorm
brown, donn
colour, dath
  (the) colours, (na) dathanna
gold, ór
green, glas/uaine
grey, liath
indigo, indeagó
orange, oráiste
pink, bándearg
purple, corcra
red, dearg
silver, airgead
violet, corcairghorm
white, bán
yellow, buí

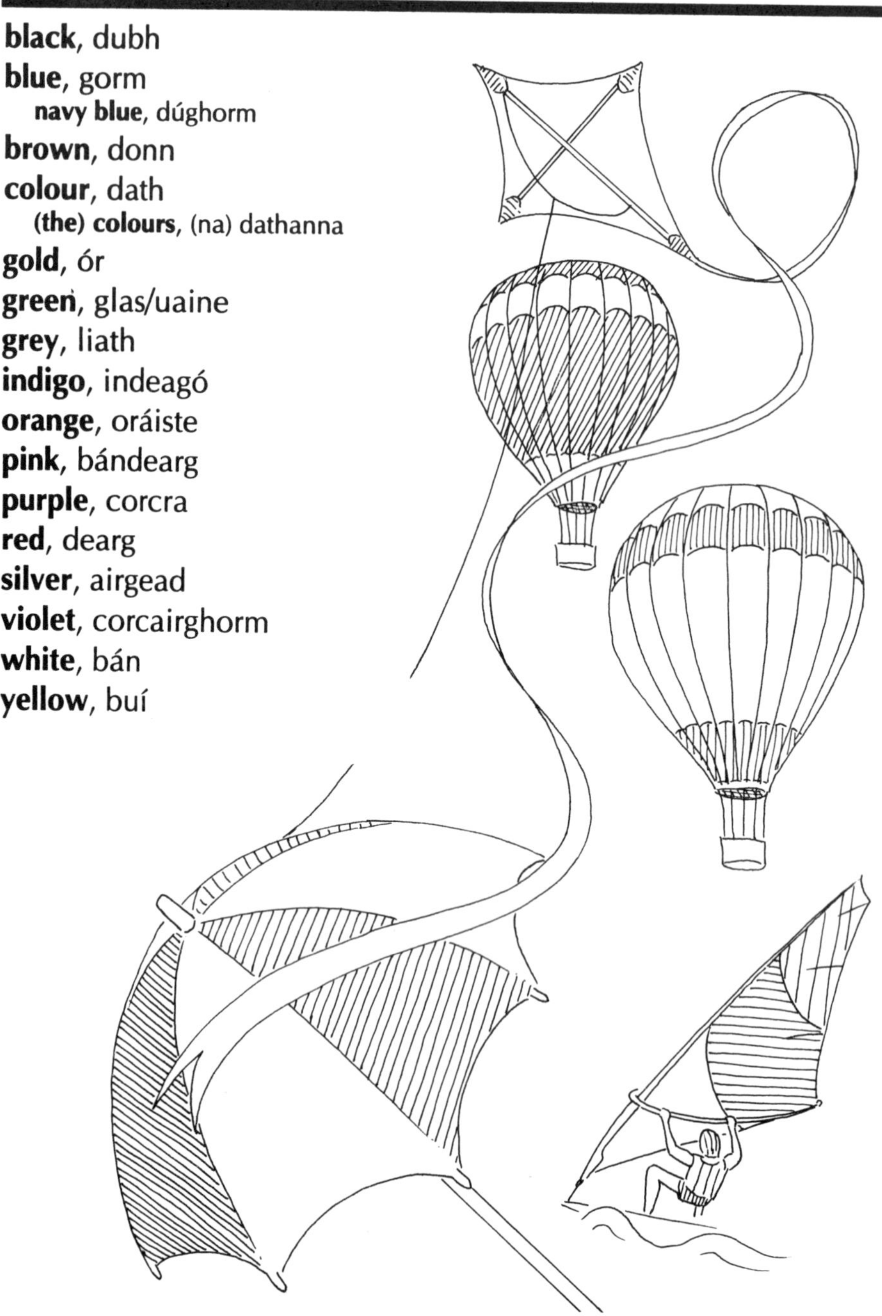

27. Time — Am

calendar, féilire
clock, clog
  alarm clock, clog aláraim
date, dáta
dawn, breacadh/fáinne an lae
day, lá
  in the middle of the day, i lár an lae
early, go luath/go moch
  early in the morning, go moch ar maidin
evening, tráthnóna
half-past, leathuair tar éis . . .
hour, uair an chloig
last, seo caite
  last Monday, Dé Luain seo caite
  last month, an mhí seo caite
  last night, aréir
  last year, anuraidh
late, déanach/mall
  late at night, go déanach san oíche
long ago, fadó
midday, nóin
  at midday, um nóin
midnight, meán oíche
minute, nóiméad
  a few minutes, cúpla nóiméad
  for a minute, ar feadh nóiméid
month, mí
  (the) months, (na) míonna
moon, gealach
  full moon, gealach lán
  new moon, gealach úr
morning, maidin
  the morning, an mhaidin
next, seo chugainn
  next Friday, Dé hAoine seo chugainn
  next month, an mhí seo chugainn
  next year, an bhliain seo chugainn
  next day, lá arna mhárach
night, oíche
noon, nóin
  at noon, um nóin
now, anois/faoi láthair
often, go minic
quarter, ceathrú
  quarter past . . ., ceathrú tar éis . . .
  quarter to . . ., ceathrú chun . . .
season, séasúr
  (the) seasons, (na) séasúir
second, soicind
soon, go luath
sun, grian
  the sun, an ghrian
sunrise, éirí na gréine
sunset, dul faoi na gréine
time, am
today, inniu
tomorrow, amárach
tonight, anocht
watch, uaireadóir
  digital watch, uaireadóir digiteach
week, seachtain
while, tamall
  after a while, tar éis tamaill/ i gceann tamaill
  for a while, ar feadh tamaill
year, bliain
  in this year, i mbliana
  during the year, i rith na bliana
yesterday, inné
  the day before yesterday, arú inné

28. The Counties — Na Contaetha

Antrim, Aontraim
County Antrim, Contae Aontrama
Armagh, Ard Macha
Co. Armagh, Co. Ard Macha
Carlow, Ceatharlach
Co. Carlow, Co. Cheatharlach
Cavan, An Cabhán
Co. Cavan, Co. an Chabháin
Clare, An Clár
Co. Clare, Co. an Chláir
Cork, Corcaigh
Co. Cork, Co. Chorcaí
Derry, Doire
Co. Derry, Co. Dhoire
Donegal, Dún na nGall
Co. Donegal, Co. Dhún na nGall
Down, An Dún
Co. Down, Co. an Dúin
Dublin, Baile Átha Cliath
Co. Dublin, Co. Bhaile Átha Cliath
Fermanagh, Fear Manach
Co. Fermanagh, Co. Fhear Manach
Galway, An Ghaillimh
Co. Galway, Co. na Gaillimhe
Kerry, Ciarraí
Co. Kerry, Co. Chiarraí
Kildare, Cill Dara
Co. Kildare, Co. Chill Dara
Kilkenny, Cill Chainnigh
Co. Kilkenny, Co. Chill Chainnigh
Laois, Laois
Co. Laois, Co. Laoise
Leitrim, Liatroim
Co. Leitrim, Co. Liatroma
Limerick, Luimneach
Co. Limerick, Co. Luimnigh
Longford, An Longfort
Co. Longford, Co. an Longfoirt
Louth, Lú
Co. Louth, Co. Lú
Mayo, Maigh Eo
Co. Mayo, Co. Mhaigh Eo
Meath, An Mhí
Co. Meath, Co. na Mí
Monaghan, Muineachán
Co. Monaghan, Co. Mhuineacháin
Offaly, Uíbh Fhailí
Co. Offaly, Co. Uíbh Fhailí
Roscommon, Ros Comáin
Co. Roscommon, Co. Ros Comáin
Sligo, Sligeach
Co. Sligo, Co. Shligigh
Tipperary, Tiobraid Árann
Co. Tipperary, Co. Thiobraid Árann
Tyrone, Tír Eoghain
Co. Tyrone, Co. Thír Eoghain
Waterford, Port Láirge
Co. Waterford, Co. Phort Láirge
Westmeath, An Iarmhí
Co. Westmeath, Co. na hIarmhí
Wexford, Loch Garman
Co. Wexford, Co. Loch Garman
Wicklow, Cill Mhantáin
Co. Wicklow, Co. Chill Mhantáin

This list includes all cities in Ireland except:

Belfast, Béal Feirste

29. The Provinces — Na Cúigí

Connacht, Connachta
the province of Connacht,
Cúige Connacht

Leinster, Laighin
the province of Leinster,
Cúige Laighean

Munster, An Mhumhain
the province of Munster,
Cúige Mumhan

Ulster, Ulaidh
the province of Ulster, Cúige Uladh

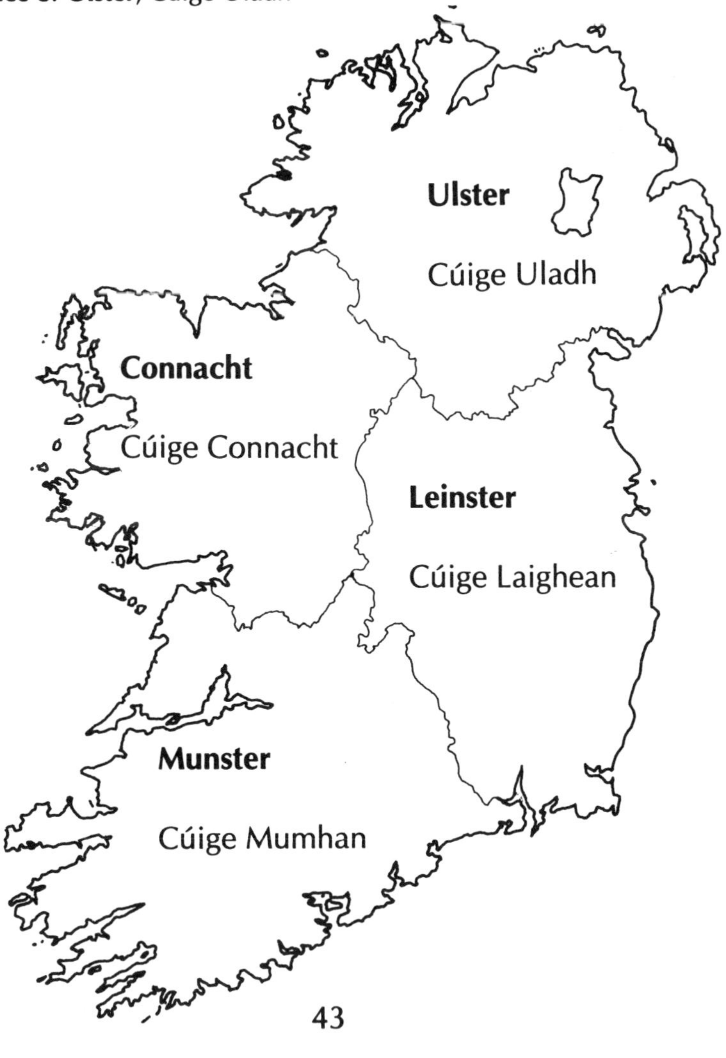

30. Geography — Tíreolaíocht

Africa, An Afraic
America, Meiriceá
Asia, An Áise

Australia, An Astráil
bay, cuan
Belgium, An Bheilg
Britain, An Bhreatain
city, cathair
  the city, an chathair
county, contae
  (the) counties, (na) contaetha

Denmark, An Danmhairg
east, oirthear
  the east, an t-oirthear
England, Sasana
Europe, Eoraip
France, An Fhrainc
Germany, An Ghearmáin

glen, gleann
  (the) glens, (na) gleannta

Greece, An Ghréig
harbour, cuan
hill, cnoc
  (the) hills, (na) cnoic
Ireland, Éire
  the people of Ireland, muintir na hÉireann
  in Ireland, in Éirinn
Italy, An Iodáil

lake, loch
  (the) lakes, (na) lochanna
Luxembourg, Lucsamburg
map, léarscáil

moon, gealach
  the moon, an ghealach
mountain, sliabh
  (the) mountains, (na) sléibhte
Netherlands, An Ísiltír
north, tuaisceart
  the north, an tuaisceart
path, cosán

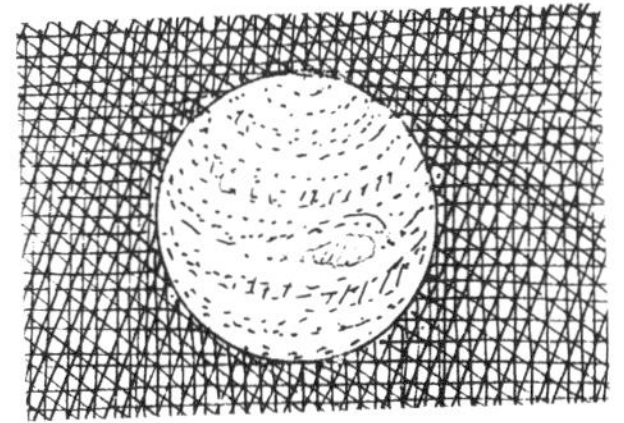

planet, pláinéad
(the) planets, (na) pláinéid
Portugal, An Phortaingéil
province, cúige
(the) provinces, (na) cúigí
railway, iarnród

river, abhainn
(the) rivers, (na h) aibhneacha
road, bóthar
main road, príomhbhóthar
(the) roads, (na) bóithre
Russia, An Rúis
Scotland, Albain
sea, farraige
the sea, an fharraige
shore, trá
signpost, cuaille eolais
sky, spéir
south, deisceart
the south, an deisceart
Spain, An Spáinn

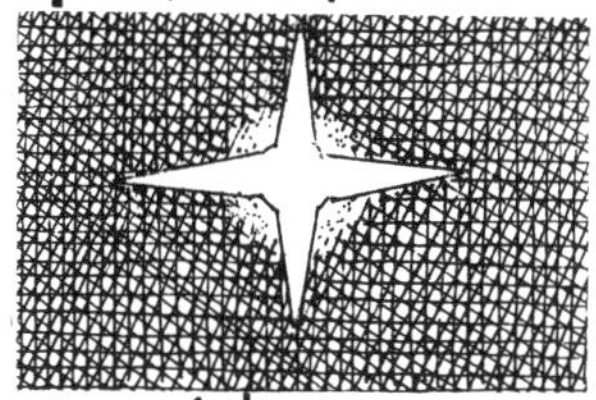

star, réalta
(the) stars, (na) réaltaí

street, sráid
the street, an tsráid
the main street, an phríomhshráid
on the street, ar an tsráid
(the) streets, (na) sráideanna
sun, grian
the sun, an ghrian
town, baile mór
(the) towns, (na) bailte móra
tree, crann
(the) trees, (na) crainn
USA, Stáit Aontaithe Mheiriceá
valley, gleann
(the) valleys, (na) gleannta

village, sráidbhaile
Wales, An Bhreatain Bheag
wall, balla
(the) walls, (na) ballaí
weather, aimsir
west, iarthar
the west, an t-iarthar
wind, gaoth
the wind, an ghaoth

• • • • • • • •

blowing, ag séideadh
flowing, ag sní
raining, ag cur báistí/fearthainne
shining, ag taitneamh
snowing, ag cur sneachta
travelling, ag taisteal

31. Feasts — Féilte

All Saints' Day, Féile na Naomh Uile
Ascension Thursday, Déardaoin Deascabhála
Ash Wednesday, Céadaoin an Luaithrigh
badge, suaitheantas
  (the) badges, (na) suaitheantais

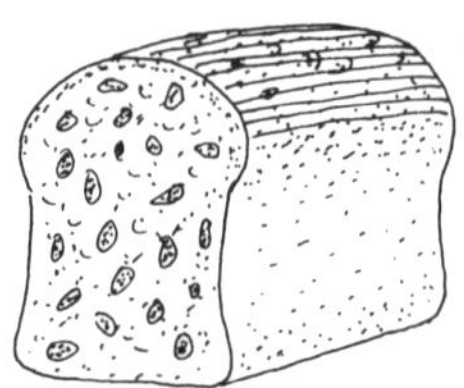

barmbrack, bairín breac
bonfire, tine chnámh
carol, carúl
  (the) carols, (na) carúil
Christmas, an Nollaig
  at Christmas, um Nollaig
Christmas cake, cáca Nollag

Christmas candle, coinneal Nollag
Christmas card, cárta Nollag
  (the) Christmas cards, (na) cártaí Nollag
Christmas Day, Lá Nollag
Christmas Eve, Oíche Nollag
Christmas tree, crann Nollag
crib, mainséar
decorations, maisiúcháin
Easter, an Cháisc
Easter Sunday, Domhnach Cásca
feast, féile
  (the) feasts, (na) féilte
feast day, lá fhéile
game, cluiche
  (the) games, (na) cluichí
ghost, taibhse
  (the) ghosts, (na) taibhsí
Good Friday, Aoine an Chéasta
greeting, beannú
  (the) greetings, (na) beannaithe
Halloween, Oíche Shamhna
holiday, lá saoire
  church holiday, lá saoire eaglasta
  public holiday, lá saoire poiblí

holly, cuileann
Jesus, Íosa
  the child Jesus, an leanbh Íosa
king, rí
  the three kings, na trí ríthe
Lent, an Carghas
  during Lent, i rith an Charghais
light, solas
  (the) lights, (na) soilse
  coloured lights, soilse ildaite
Mary, Muire
mask, masc
  (the) masks, (na) maisc

new year, athbhliain
New Year's Day, Lá Caille
New Year's Eve, Oíche Chaille
nut, cnó
  (the) nuts, (na) cnónna
pancake, pancóg
  the pancake, an phancóg
  (the) pancakes, (na) pancóga

parade, paráid
  the parade, an pharáid
  in the parade, sa pharáid
present, bronntanas
  (the) presents, (na) bronntanais
pudding, maróg
  Christmas pudding, maróg Nollag

ring, fáinne
shamrock, seamróg
Shrove Tuesday, Máirt Inide
St. Joseph, Naomh Iósaf
St. Patrick's Day, Lá Fhéile Pádraig
St. Stephen's Day, Lá Fhéile Stiofáin
star, réalta
  (the) stars, (na) réaltaí

witch, cailleach
  the witch, an chailleach
  (the) witches, (na) cailleacha

• • • • • • • •

celebrating, ag ceiliúradh
decorating, ag maisiú
drinking, ag ól
eating, ag ithe
enjoying . . ., ag baint taitnimh as . . .
greeting . . ., ag beannú do . . .
joking, ag magadh
laughing, ag gáire
lighting, ag lasadh
looking at . ., ag féachaint ar . . .
playing, ag súgradh
playing games, ag imirt cluichí
playing music, ag seinm ceoil
praying, ag guí
reading, ag léamh
receiving, ag fáil
sending, ag seoladh
wearing, ag caitheamh
writing, ag scríobh

• • • • • • • •

Happy birthday, Breithlá sona duit
Happy Christmas, Nollaig shona duit
Happy New Year, Athbhliain faoi mhaise duit
the same to you, gurab amhlaidh duit

Index — Innéacs

D

E

F

G

H

I

J

S

T

U

W

Z